AF311955

LE TRÉSOR
DU MÉNAGE,

(Ouvrage de Chimie)

ou

CHOIX DE NOUVELLES DÉCOUVERTES,

SECRETS ET RECETTES

Utiles à tout le Monde,

RECUEILLI

Par M. *George de Fumel,*

PROFESSEUR DE CHIMIE.

PRIX : 5o CENTIMES (10 SOUS.)

À NANTES,

IMPRIMERIE D'HÉRAULT, RUE DE GUÉRANDE.

1837.

LE
TRÉSOR DU MÉNAGE,

OU

CHOIX DE NOUVELLES DÉCOUVERTES, SECRETS ET RECETTES UTILES A TOUT LE MONDE,

RECUEILLI

Par M. George de Fumel,

PROFESSEUR DE CHIMIE.

Cet ouvrage contient les Recettes les plus utiles dans les Ménages, et procure une immense économie. C'est d'ailleurs un agrément, vu que les procédés indiqués sont très-simples et à la portée de toutes les intelligences.

SE VEND A PARIS, CHEZ LES PRINCIPAUX LIBRAIRES.
1837.

Liqueur de Vespétro, approuvée par les médecins du Roi et par la Faculté de médecine.

Prenez une bouteille de gros verre qui tienne un peu plus d'un litre de bonne eau-de-vie ; ajoutez-y les graines qui suivent, après que vous les aurez concassées grossièrement dans un mortier, savoir : deux gros de graines d'angélique, une once de graines de coriandre, une bonne pincée de fenouil, autant d'anis ; ajoutez-y le jus de deux citrons avec les zestes des écorces, une livre de sucre : laissez infuser le tout dans la bouteille pendant 4 ou 5 jours ; ayez soin de remuer de temps en temps la bouteille pour faire fondre le sucre, ensuite vous passez la liqueur pour la rendre plus claire, à travers du linge de coton ou à travers du papier gris, et vous la garderez dans des bouteilles, que vous aurez soin de bien boucher.

Propriété de cette liqueur.

On ne saurait assez en faire l'éloge; son usage est généralement adopté; elle est bonne pour douleurs d'estomac, indigestions, vomissements, colique , obstructions, points de côtés et de mamelles, maux de reins, difficulté d'uriner, gravelles, oppressions de rate, dégoûts, tournoiements de cerveau, rhumatismes, courte-haleine, fait mourir les vers des petits enfants, en leur en faisant prendre une cuillerée pendant 4 ou 5 matinées, préserve du mauvais air, en en prenant une cuillerée avant de sortir; pour les maux de tête, on s'en frotte les tempes, on en respire par le nez quelques gouttes; elle donne des forces aux femmes en travail d'enfant , coupe les tranchées après les couches; elle sert pour coupures, en enveloppant le mal d'une compresse inbibée de liqueur; en un mot, elle a satisfait tous ceux qui en ont usé; dans le besoin on s'en frotte pour faire passer les douleurs.

Moutarde de santé.

Prenez 46 livres de bon vinaigre , 2 onces de clous de girofle, 2 onces de cannelle, une once d'essence de citron, 4 gros de cayenne des Indes, une livre d'herbe d'estragon, 4 onces d'herbes de thym; infusez le tout pendant huit jours. Ajoutez ensuite une livre de ciboule pilée, pressez le bout à la presse, et filtrez; ensuite on y mélange 36 livres de farine de moutarde, 4 livres de fécule de pomme de terre, 4 livres de sucre, mélangez bien le tout.

Procédé de la moutarde ordinaire.

Quatre livres de graines de moutarde de première qualité, quatre litres de bon vinaigre blanc : on fait infuser la graine dans le vinaigre pendant huit jours, en agitant le mélange deux fois par jour, et ajoutant du vinaigre, de manière que les graines soient toujours humectées ; ensuite on broie au moulin, et l'on délaie avec le vinaigre en une bouillie claire : on met dans des pots.

Pour faire de très-bon vinaigre avec de l'eau.

Prenez 4 onces de farine de moutarde, 4 onces de poivre long, une livre d'acide tartarique, 2 livres de mélasse, 10 livres de farine ordinaire ; faites du tout une pâte comme pour faire du pain ; laissez cette pâte bien pliée dans un linge, dans un lieu un peu chaud, pendant 48 heures, ensuite on fait cuire cette pâte au four comme un pain, on la coupe après en petits morceaux, et on la met dans un petit tonneau contenant 125 bouteilles d'eau, à 25 degrés de chaleur et sur du marc de vinaigre ; on y ajoute 5 litres d'esprit-de-vin. Le local où la préparation est faite doit être chauffé à 25 degrés.

Eau de Cologne véritable, recette de Jean-Marie Farina.

Prenez 2 litres d'esprit-de-vin à 33 degrés, 2 onces d'essence de bergamotte, une once d'essence de citron, 2 gros d'essence de néroli, 4 gros d'essence de girofle, 3 gros d'essence de lavande, 2 gros d'essence de romarin ; le tout bien mélangé et passé au filtre.

Véritable élixir de longue vie.

Prenez un litre d'esprit-de-vin à 33 degrés, 2 litres d'eau-de-vie à 22 degrés, 2 onces d'aloès succotrin, 2 gros de zéodoria, 2 gros de gentiane, 4 gros de rhubarbe, 2 gros d'agaric blanc, une once de thériaque de Vénise, 4 gros de safran ; le tout ensemble infusé pendant huit jours, passez ensuite au filtre.

Limonade gazeuse en paquet.

Prenez une once de sucre, un gros de bi-carbonate de soude, ces deux substances bien pilées ensemble et conservées dans du papier. Quand on veut faire la limonade, on a, dans un autre papier, un gros d'acide tartarique en poudre ; on mêle le tout ensemble, et on le verse dans un grand verre d'eau.

Bière de gingembre anglaise.

Prenez 10 livres d'eau, 15 onces de sucre, le jus et la râpure de deux citrons, 12 gros de gingembre pilé, une once de levure de bière ; on laisse fermenter le tout pendant 48 heures ; on filtre ensuite, et on met en bouteilles.

Recette pour faire un bon bouillon gras en moins d'une heure.

Prenez un quart de livre de rouelle de veau ; coupez-la en petits morceaux comme des dés à jouer, mettez cette viande dans une cafetière d'une pinte d'eau avec une cuillerée de riz, après que l'eau est réduite à chopine, retirez la cafetière, pressez le veau et le riz, passez le tout et laissez reposer le bouillon : il est excellent et très-économique pour les malades.

Moyen pour conserver les œufs frais.

Trempez les œufs très-frais dans l'huile d'olive ;

placez vos œufs droits dans une caisse : ils se conserveront très long-temps sans se corrompre.

Précautions à prendre pour conserver le lait.

Quand vous avez tenu le lait dans des vases bien propres, que vous l'avez fait convenablement bouillir, cela ne suffit pas encore ; si vous le placez dans un endroit fermé, il tournera ou acquerra un mauvais goût ; si vous le mettez à l'air, la partie butireuse acquiert une saveur de suif. Il faut donc le couvrir, mais non avec des couvercles solides, en faïence, en terre ou en bois ; un linge bien fixé autour du pot au lait préviendra cette inconvénient.

Manière de conserver les asperges pendant un an ou deux.

Faites-les blanchir, ensuite jetez-les dans l'eau fraîche ; mettez-les égoutter et refroidir ; placez-les dans un bocal, les pieds en bas et d'égale longueur, mettez dans le bocal une saumure faite de quatre onces de sel par litre, et couvrez le tout avec une once et demie d'huile d'olive.

Moyen de conserver les viandes par l'acide pyroligneux.

Pour conserver le poisson il faut l'ouvrir, le nettoyer et le tremper pendant un instant dans l'acide pyroligneux de 1,012, et le faire sécher à l'ombre ; trempez les viandes de boucherie, les volailles et gibier (la volaille préalablement ouverte, vidée et fendue jusqu'au bec, que l'on jette) une minute dans l'acide ; enveloppez ces viandes dans du papier gris, et suspendez-les dans un lieu sec : elles se conserveront plusieurs mois.

Autre procédé.

Prenez les viandes de quelque espèce que ce soit,

exposez-les pendant un jour au courant d'air sec ; après ce temps, couvrez-les de sel séché au feu ; puis suspendez-les un jour, au bout duquel on les essuie avec soin, et on les plonge un instant dans l'acide ; elles sont de nouveau suspendues, et le lendemain on les plonge encore dans l'acide. Avant d'employer ces viandes ainsi préparées, on peut les placer dans un linge mouillé durant une heure; puis on les laisse tremper dans l'eau pendant quelques instants : cette manière de conserver la viande est très-commode.

Potion pour les vers, et guérir les coliqueset enfants.

Prenez une cuillerée d'huile d'olive, demi-once de sucre, et le jus de la moitié d'un citron ; mêlez bien le tout ensemble ; faites prendre ce remède pendant trois jours, le matin avant de manger, vous en connaîtrez bientôt les bons effets.

Pâte minérale pour faire couper les rasoirs, canifs forces et autres instruments tranchants.

Potée d'étain, 1|2 once ; rouge à l'acier, 1/2 once ; paille de fer, 2 gros ; pierre du Levant, destinée pour la gravure, broyée, lavée, 1|2 gros ; pierre du Levant à rasoir, dite adoucie, 1 once et 2 gros ; le tout doit être délayé à l'état de poudre impalpable, dans 1|2 once 2 gros de graisse de bœuf, et mélangé à chaud pour faire une pâte homogène.

Pour fabriquer le lait virginal pour la toilette.
(Véritable recette.)

Ce lait a la propriété de conserver, de blanchir, d'adoucir et de rafraîchir la peau, de lui donner la teinte d'un blanc rosat très-fin, et d'en faire disparaître les boutons et les taches.

Mettez dissoudre, dans 2 onces d'esprit-de-vin à trente-trois degrés, 1/2 once de benjoin ; versez ensuite cette dissolution dans un demi-setier d'eau de rose, et agitez fortement la bouteille.

Procédé pour nettoyer les cadres dorés.

Prenez blanc d'œuf, 3 onces ; eau de javelle 1 once ; battez le tout ensemble, et nettoyez les cadres avec une brosse douce trempée dans ce mélange. La dorure reprend immédiatement sa vivacité. Cette opération peut se répéter plusieurs fois avec succès sur la même dorure, chose difficile à obtenir par l'ancien procédé. Lorsque le cadre a été remis à neuf, il faut lui donner une nouvelle couche du vernis dont se servent les doreurs sur bois, composé de 3 onces de mastic choisi, et dissous dans 8 onces d'essence de térébenthine.

Opiat anglais pour les dents.

Prenez 1 once de pierre-ponce bien pilée et tamisée, 1 once de terre sigillée, 6 gros de corail rouge préparé, 4 gros de sang de dragon, 2 gros d'acide tartarique, 1 gros de poudre de rose, 4 gros de clous de girofle, 4 gros de cannelle ; le tout bien pilé ensemble et passé dans un tamis fin.

Pommade pour le teint et les gerçures de la peau.

Faites fondre ensemble et au bain-marie 1 gros et demi de cire vierge, 2 gros de blanc de baleine, une demi-once d'huile d'amande douce, une demi-onée d'huile d'olive, autant d'huile de pavot, 1 once d'eau de rose : battez ensuite ce mélange et ajoutez-y quelques gouttes de baume du Pérou liquide. Cette pommade a une odeur agréable, et est préférable aux autres cosmétiques de ce genre que l'on vend dans le commerce.

Beau cirage pour la chaussure.

Ce cirage est plus beau que quelque cirage anglais que ce soit. Procurez-vous 6 livres de noir d'ivoire véritable, en poudre fine ; 4 livres de sucre candi, 3 onces gomme en poudre du Sénégal, 1 once et demie acide sulfurique, 12 onces d'huile d'olive, et 3 litres d'eau de fontaine, chaude ; faites fondre le sucre et la gomme dans vos 3 litres d'eau chaude, passez par un linge fin. Ajoutez le noir au fur et à mesure qu'il sera trempé, ensuite l'huile, et après très-doucement l'acide ; remuez avec une spatule en verre dès le commencement et jusqu'à ce que la pâte soit refroidie ; il faut qu'un article soit bien mélangé avant d'en ajouter un autre, on passe la solution de gomme et de sucre pour la priver des impuretés qu'elle peut contenir. On doit la passer dans l'eau destinée à l'opération ; cela fait, et la pâte étant refroidie, on la passe dans la mollette comme de la couleur. Cette dernière opération donne une onctuosité très-utile pour bien étendre ce cirage et pour le rendre homogène. La dose qui précède doit donner 18 livres environ de cirage en pâte serrée. On peut y ajouter une once d'essence de lavande ou de citron, pour changer l'odeur, et une once d'indigo en poudre pour donner plus d'éclat au noir, vous mettez l'indigo avec le noir, et l'essence après le mélange fait. On peut le laisser sécher et l'employer avec un peu de bière, de vinaigre ou d'eau.

Remède contre les toux opiniâtres et contre les ardeurs ou épuisements de poitrine.

Après avoir fait moudre un décalitre d'orge, on renferme et l'on noue dans un sachet la farine tamisée qui en provient. On suspend par un bâton, transversalement posé sur les rebords supérieurs, le sachet dans une marmite ou autre vase profonde rempli d'eau, en sorte qu'il ne communique, ni avec le fond, ni avec les parois du vase.

La farine ainsi placée, l'eau doit bouillir pendant 18 heures sans discontinuer; et celle qui se consomme par l'évaporation doit être soigneusement remplacée au fur et à mesure par d'autre eau bouillante qu'on a soin de tenir toujours prête à cet effet, afin que le sachet soit toujours plongé dans l'eau jusque près du nouet. Au bout de 18 heures, on retire le sachet et on le laisse égouter pendant quelques heures; on achève de faire sécher dans un four, presque froid, pendant 12 heures, puis on retire du sachet la farine qui forme une espèce de gâteau assez dur, en en enlève soigneusement la croûte et l'on broie tout l'intérieur pour le réduire de nouveau en farine. On forme, chaque fois, d'une partie de cette farine une bouillie avec du lait ou du bouillon sans sucre, environ une assiette ordinaire: le malade prend cette dose chaque jour, ou le matin, deux heures avant de se lever, ou le soir en se couchant; lorsque le travail de la digestion est achevé, s'il éprouve quelque pesanteur d'estomac, immédiatement après, il peut boire un demi-verre d'eau. Si le main une légère moiteur s'annonce, il attend qu'elle soit dissipée pour sortir du lit. Il est rare que le décalitre soit achevé avant que le malade soit guéri.

Liqueur du Mexico.

Citron, n. 8; cédrat, n. 2; vanille, demi-once; faites macérer les zestes de ces fruits, ainsi que la vanille, dans 7 litres d'eau-de-vie; mêlez-y les sucs des fruits exprimés, ainsi que 6 livres du sucre: filtrez après huit jours.

Liqueur de brou de noix.

On prend le brou provenant de 100 noix vertes;

on le pile dans un mortier de marbre ; on le met en contact avec 15 litres d'alcool faible à vingt-deux degrés ; on ajoute un gros de clous de girofle et un gros de noix muscade ; on laisse en macération pendant deux mois, on filtre ; on fait fondre dans la macération 4 livres de sucre ; on passe à travers un blanchet, on met en bouteilles.

Cette liqueur est toni-stomachique ; elle est excellente pour les écoulements de leuchorée chronique (fleurs blanches.)

Procédé pour conserver les fruits, raisins, poires et melons.

Prenez un tonneau neuf, garnissez-le au fond et sur les côtés avec du son de froment séché au four, ensuite mettez un lit de fruit, un lit de son, jusqu'à ce que le tonneau soit plein. Au bout de huit mois vous trouverez vos fruits aussi frais que si vous veniez de les cueillir. Mais il faut avoir soin de fermer exactement le tonneau, pour que l'air ne puisse y pénétrer.

Préparation d'un sirop pour remplacer le sucre et faire des confitures.

Prenez du jus de poires, pommes ou moût de raisins : faites bouillir ce jus dans une chaudière jusqu'aux deux tiers pour qu'il ait une bonne consistance ; clarifiez-le avec blancs d'œufs, passez-le par la flanelle pour le conserver dans des bouteiles. Si vous voulez faire des confitures de ménage économiques, faites un choix des fruits que vous voulez confire ; faites les cuire dans l'eau jusqu'à ce qu'ils soient un peu amollis, vous les pellerez ensuite, et vous les mettrez dans ce sirop, et les laisserez bouillir, en ayant soin de toujours bien écumer jusqu'à parfaite cuisson : ce que l'on reconnaît quand, en

en versant une goutte sur une assiette, elle reste fi-
gée, et ne coule point ; mettez votre confiture dans
des pots ; couvrez-la avec un papier pour la conserver.

*Moyen d'aller dans l'eau, et de traverser une
rivière sans savoir nager.*

C'est un très-joli divertissement que vous pouvez
vous donner sans courir aucun danger, et par ce
moyen vous pouvez apprendre à nager parfaitement ;
pour cela ayez 2 toiles de pareilles grandeur, faites
en un gilet qui se boutonne ou s'attache par derrière
entre ces deux toiles, fixez-y 8 vessies, 4 à droite,
4 à gauche, que vous gonflerez aux trois quarts, cou-
sez-les bien tout le tour, entre les toiles ; il faut
laisser entre les deux rangées, vers le milieu, 4
pouces environ de largeur pour que l'estomac puisse
s'y loger commodément. Il faut observer de laisser
sortir, des toiles sur leur bord, les cols de vessie
pour pouvoir les gonfler commodément, et les lier
avec une ficelle ; muni de cet appareil nouveau,
allez hardiment dans l'eau, vous ne courrez aucun
risque de vous noyer.

Secret pour prendre les oiseaux à la main.

Prenez du grain que les oiseaux aiment, mettez-
le tremper dans de la lie de vin ou dans une décoc-
tion d'ellébore blanc, avec du fiel de bœuf. On prend,
à cet appât, des perdrix et même des oies sauvages.

*Recette pour faire venir beaucoup de poissons
où l'on veut pêcher.*

Prenez un quart de fromage de gruyère, broyez-le
dans un mortier avec de l'huile d'olive ; mêlez-y du vin
peu à peu jusqu'à ce que votre composition soit en
pâte épaisse ; joignez-y pour un sou d'eau de rose ;

faites avec cette pâte de petites boulettes comme des pois, que vous jetterez dans l'endroit où vous voulez pêcher. Il faut observer de jeter les boulettes le matin pour pêcher le soir, et le soir pour le matin.

Remède propice pour les panaris.

Mêlez une cuillerée de cendres de sarment de vigne, dans la valeur d'un verre moyen d'eau chaude de rivière, baignez-y le doigt, et répétez jusqu'à guérison. Ce moyen a été souvent employé avec succès, et se recommande naturellement par sa simplicité.

Autre.

Lorsque le doigt est attaqué d'un panaris, il suffit de le plonger dans un œuf très-frais, et de l'y laisser quelques moments ; l'œuf durcit comme s'il était exposé au feu ; on en retire le doigt, et l'inflammation, ainsi que la douleur, ont entièrement disparu.

Onguent pour les brûlures.

Faites fondre dans un poêlon neuf de terre cuite, en remuant continuellement, suif de chandelle, 4 onces ; huile d'olive fine, 2 onces ; eau-de-vie de Cognac, 2 cuillerées ; eau de fontaine, 2 cuillerées ; étendez sur du papier brouillard ; appliquez sur la brûlure, et changez deux ou trois fois par jour.

Autre moyen plus simple.

Mettez sur la brûlure un petit linge imbibé d'éther ; cela seul suffit pour une parfaite guérison ; on a soin de renouveler.

Baromètre chimique.

Prenez un gros de salpêtre, 3 gros de camphre, 1 gros sel ammoniac, 4 onces d'esprit à 36 degrés, mettez le tout dans un flacon ouvert. Quand le temps est beau, la composition est limpide, et quand le temps veut changer, la composition devient trouble.

Procédé chimique pour se réveiller à l'heure que l'on désire.

Prenez 2 litres de vinaigre, 8 onces de sel de saturne, plongez dedans une corde de la grosseur du petit doigt, faites bouillir un quart d'heure et ensuite sécher la corde. On place une sonnette avec un ressort attaché avec uue ficelle bien tendue, audessous l'on place une bougie et l'on attache la corde préparée dans une longueur d'autant de pouces que l'on veut qu'elle dure d'heures : l'extrémité de la corde préparée doit aboutir sur la mèche de la bougie; on met sur cette mèche un peu de souffre. Quand la corde préparée est consummée, le souffre prend feu, la bougie allume la petite ficelle qui tient le ressort, laquelle, en se rompant, fait retentir la sonnette qui réveille. Avant de se coucher on met le feu à l'extrémité opposée de la corde préparée qui sert de mèche.

Pour corriger un vin aigre ou moisi, qui a pris ce goût dans le tonneau où il est.

Il faut soutirer votre vin dans une futaille biea étuvée et qui ait bonne odeur, et mieux encore dans une autre où il y a eu de l'eau-de-vie. Vous prendrez 40 clous de girofle, un sou de cannelle, deux sous de coriandre, le tout concassé; environ une bonne cuillerée à bouche d'iris de Florence. Vous ferez infuser dans uu verre d'eau-de-vie près du feu; et mettrez cette composition dans votre tonneau d'uae contenance d'environ 150 litres. Au bout de 15 à 20 jours le vin sera meilleur qu'il n'avait jamais été.

Manière de lever les taches d'huile, de graisse, de café, et autres corps gras sur les étoffes de soie, sur le drap ou casimir, de quelle couleur qu'ils soient.

Vous ferez cuire deux œufs; vous en prendrez le

¡aune que vous barbouillerez bien avec la main sur la tache et laisserez sécher pendant quatre heures. Ensuite vous laverez votre étoffe comme un linge , et la brosserez bien, quand elle aura séché, pour en faire sortir la poussière. On peut employer le même procédé sur le mérinos noir.

Pour remettre les couleurs avariées par la sueur ou par la faiblesse de teinture.

Vous prendrez deux ou trois sous d'alcali-volatil ; vous en mouillerez l'endroit que vous voulez corriger avec un linge bien propre , quand l'étoffe sera sèche la couleur aura entièrement reparu.

Manière de conserver les habillements de drap , les schals et autres objets de luxe, pour les garantir des teignes.

Vous prendrez un paquet de poivre en grain , vous le placerez dans l'intérieur de l'objet que vous voulez préserver, que vous plierez bien serré, et le resserrerez encore dans un drap roux de lessive. Le paquet étant déposé dans une malle ou commode bien fermée, vous pouvez sans danger l'y laisser toute la saison d'été. Il ne sera nullement touché des vers.

Manière de nettoyer l'argenterie.

La meilleure manière de nettoyer l'argenterie , est de préparer une lessive composée de dix à douze litres d'eau de pluie ou de rivière, quatre livres de bonnes cendres de bois neuf, deux onces de savon blanc râpé, et quatre livres de sel commun; on fait bouillir tout cela ensemble pendant une demi-heure. Avec cette lessive, et par le moyen d'une brosse convenable, on frotte la vaisselle; toutes les impuretés disparaîtront et l'argenterie deviendra comme toute neuve ; on la rincera d'abord dans l'eau chaude, puis dans l'eau froide, et on la sèche avec un linge blanc.

S'il y a des taches de roux qui résisteraient au frottement ordinaire, on se servira de sel d'oseille réduit en poudre fine. On mouille les endroits tachés ou ternis avec de l'eau et on met de cette poudre dessus : un quart d'heure après, on les frotte avec un cuir doux, et toutes les taches disparaîtront.

DES BOISSONS AQUEUSES ACIDULES.

Nous comprenons sous cette dénomination diverses boissons qu'on peut confectionner avec le suc exprimé de quelques fruits agréables et acidules pour être employées de suite, principalement en été, au moment des grandes chaleurs.

Eau de cerises.

Avec deux livres de cerises acidules, dites de Montmorency, rouges, transparentes, bien mûres, dont on aura d'abord ôté les queues, ensuite les noyaux pour les conserver à part, on écrase la pulpe du fruit en y ajoutant un peu d'eau, pour conserver dans un vase de faïence, après y avoir exprimé le suc d'un citron que l'on mêle exactement en agitant, pour laisser infuser pendant deux heures à la chaleur de l'atmosphère.

Après avoir bien lavé et nettoyé les noyaux, on les pile, on les écrase avec huit onces de sucre, et l'on ajoute le suc exprimé des cerises ; passez et tirez le tout à clair, mettez le marc sous une presse, agitez la liqueur obtenue, laissez reposer ensuite pendant vingt minutes, passez à la chausse et conserver pour l'usage.

Eau de framboises.

Exprimez par le moyen d'un linge peu serré et

assez forte une certaine quantité de framboises bien mûres; après avoir laissé reposer, tirez à clair, et sur en demi-setier versez une pinte d'eau, édulcorez ensuite le tout avec quatre ou six onces de sucre ; lorsque le mélange est exact, passez encore une fois à la chausse et faites rafraîchir pour l'employer à volonté.

Eau de Carvi.

Semence de carvi . . . .   4 onces.
Alcool à vingt-cinq degrés. . .   4 litres.

On fait macérer la semence de carvi dans l'alcool pendant huit jours ; ensuite on distille au bain-marie et on y ajoute un sirop fait avec quatre livres de sucre et deux litres d'eau commune. On filtre et on colore en vert.

Eau de cédrat.

Zestes de . . . .   12 cédrats.
Zestes de . . . .   6 oranges.
Alcool à vingt-deux degrés . .   6 litres.

Faites un sirop avec six livres de beau sucre, et opérez comme ci-dessus.

Eau de céleri.

Semence de céleri . . . . . .   2 gros.
Alcool à vingt-deux degrés . .   4 litres.
Sucre. . . . .   4 livres.

Eau de la côte.

Alcool à vingt-deux degrés . . .   6 litres.
Cannelle de Ceylan . . . . . .   4 onces.
Zestes de . . . .   2 cédrats.
Dattes . . . .   4 onces.
Figues . . . .   6 onces.
Amandes amères . . . .   2 onces.
Muscades . . . .   1|2 once.

On fait macérer pendant dix jours; ensuite on distille au bain-marie pour retirer cinq litres; on ajoute un sirop fait avec 5 livres de beau sucre et 2 litres d'eau distillée. Cette liqueur reste blanche.

Eau divine.

Zestes de	3 cédrats.
Zestes de	4 citrons.
Fleurs d'oranger récentes. . . .	4 onces.
Sommités de mélisse récentes . .	1 once.
De marube blanc	6 onces.
Alcool à 22 degrés	4 litres.

On fait macérer toutes ces substances pendant dix jours. On distille au bain-marie et on ajoute un sirop fait avec trois livres de sucre et un litre et demi d'eau distillée.

Eau de menthe.

Sommités de mente poivrée. . . .	2 livres.
Zestes de	4 citrons.
Alcool à 25 degrés	8 litres.
Sucre	9 livres.

On fait macérer dans l'alcool, pendant huit jours, la menthe. Ensuite on distille au bain-marie, et on ajoute un sirop fait avec le sucre et deux litres d'eau auquel on ajoute un quart de litre d'eau de roses, et on filtre.

Elixir de Garus.

Mirrhe	2 gros.
Aloës	2 gros.
Girofle concassé	3 gros.
Muscade	3 gros.
Safran galinais	1 once.
Cannelle de Ceylan	6 gros.
Alcool à 33 degrés	5 litres.

On fait macérer pendant quinze jours. Ensuite on distille au bain-marie, et on y ajoute un sirop fait avec six livres de sucre et cinq onces de sirop capillaire. Cette liqueur peut se faire par macération.

DES FRUITS A L'EAU-DE-VIE.

Raisin muscat à l'eau-de-vie.

On prend une quantité donnée de raisin sec que l'on égrenne, on projette dessus de l'eau bouillante, on laisse macérer pendant douze heures. Ensuite on les retire, et après qu'ils sont égouttés, on les met à macérer dans de l'eau-de-vie à vingt degrés, au bout de huit jours on peut les servir.

DES HUILES (liqueurs.)

Huile de roses.

Alcool à 33 degrés . . . . 1 litre.
Eau de roses. . . . . 1/2 litre.
Sucre. . . . . 3 livres.

On fait fondre le sucre avec un demi-litre d'eau distillée ; on mêle le tout, on filtre et on colore en rose.

Huile de Vénus.

Fleurs récentes de carottes . . . 1 once.
Semence d'anis vert . . . . . . 1 once.
De carvi. . . . . 1 once.
Zestes de . . . . 3 oranges.

On fait macérer toutes ces substances dans quatre litres d'alcool à 25 degrés, distillé au bain-marie, et on y mêle un sirop fait avec quatre livres de beau sucre, et on filtre.

DES RATAFIAS.

Ratafias d'anis.

Semences d'anis vert . . . . . . 2 onces.
Semences de badiane . . . . . . 4 onces.
Alcool à 25 degrés . . . . 8 litres.

On contuse les graines, ensuite on les fait macérer dans l'alcool pendant huit jours, on passe à travers un tamis ; ensuite on y ajoute un sirop fait avec six livres de sucre et deux litres et demi d'eau de fontaine, et on filtre.

Ratafia d'angélique.

Tiges d'angélique récentes . . .	4 onces.
Semences d'angélique	1 once.
Alcool à vingt-cinq degrés . . .	4 litres.
Muscade	1 gros.
Cannelle de Ceylan	1/2 gros.
Coriandre	1 gros.

On contuse les semences dans un mortier, et on fait macérer pendant huit jours dans l'alcool. Ensuite on passe à travers un tamis, et on ajoute un sirop fait avec quatre livres de sucre et un litre et demi d'eau de fontaine.

Ratafia de cacis.

Cacis bien mûrs.	6 livres.
Feuilles de cacis	4 onces.
Girofle.	1/2 gros.
Cannelle de Ceylan	1/2 gros.
Coriandre	1/2 gros.

On écrase les baies de cacis, et on les fait macérer pendant un mois avec les autres substances, dans douze litres d'alcool à 22 degrés. On soumet à la presse. On y mêle un sirop fait avec six livres de sucre et deux litres d'eau.

Ratafia de coings.

Suc de coings.	4 litres.
Alcool à trente-trois degrés . . .	4 litres.
Cannelle de Ceylan.	1/2 gros.
Girofle.	1/2 gros.
Coriandre	1 gros.
Macis.	1/2 gros.
Amandes amères concassées. . . .	20
Sucre.	3 livres.

On fait macérer tous les aromates avec l'alcool et le suc de coing, on y ajoute le sucre fondu dans un demi-litre d'eau, et on filtre.

Pommade Mexicaine. (*Brevet d'invention, pris en 1829, par MM. Michel et Lange, parfumeurs à Paris.*)

(RECETTE.)

Corps gras extrait du cacao , . . .	64 onces.
Huile de noisette	32
Huile de ben.	32
Vanille	2
Baume blanc du Pérou	1 gros.
Fleur de benjoin	1/2
Civette	1/2 grain.
Néroli	1
Essence de roses	1
Esprit d'œillet-giroflé	1 once.
Eau odérante de citron et de bergamote distillée.	1/2 bout.

Manipulation.

On fait macérer la vanille dans le beurre de cacao, pendant huit jours, dans une étuve chauffée à vingt degrés. Dans un demi-verre d'alcool on dissout le baume du Pérou, le benjoin, la civette, et l'on ajoute l'esprit d'œillet à cette dissolution. D'autre part, on incorpore l'essence de rose et le néroli dans les huiles de ben et de noisette, en remuant le mélange fortement.

Ces préparations achevées, on verse dans un poêlon étamé le beurre de cacao et la vanille, en faisant bouillir doucement au bain-marie. A la première ébullition on ajoute l'esprit aromatique, et l'on dirige ensuite également l'ébullition pendant un quart d'heure, afin que l'alcool puisse s'évaporer, afin qu'en même temps les arômes et matières résineuses dont il est chargé puissent se fixer dans le corps gras : alors on ajoute les huiles, et on retire le tout du feu un instant après. Cela fait, on verse le mélange dans un mortier de marbre à travers un tamis, et l'on remue avec un pilon. Au bout d'une heure environ, le mélange, s'étant un peu refroidi, présente la consistance d'une crème liquide. Avant qu'il ne soit trop figé, il faut se hâter d'y ajouter l'eau odorante par petites quantités, en remuant avec beaucoup de vitesse. Ensuite, pour colorer agréablement la pommade, on y jette une petite quantité de carmin clarifié avec de l'eau et de l'alcali volatil. On continue de remuer jusqu'à ce que la pâte soit entièrement refroidie, et c'est alors qu'on la met dans des pots.

Application.

Cette pâte s'étend sur la figure, le cou, avec le doigt. On humecte ensuite une très-fine éponge d'eau légèrement tiède, et on la passe sur la peau enduite de pâte, jusqu'à ce que celle-ci soit complètement fondue. On termine par essuyer avec un linge fin. Cette petite instruction doit accompagner chaque pot de pommade mexicaine. Cette observation s'applique à toutes les autres pâtes que nous allons décrire.

Pommade de beauté, pour le teint et les gerçures de la peau.

Faites fondre ensemble au bain-marie :

Cire-vierge	1 gros 1|2
Blanc de baleine, ...	2 idem.
Huile d'amandes douces. . . .	1|2 once.
Huile d'olive vierge.	id.
Huile de pavots	id.
Baume du Pérou, liquide. . .	4 gouttes.

Vous introduisez le baume après avoir bien battu le mélange. C'est un cosmétique excellent.

Vinaigre de fard.

Ce rouge se prépare de la manière suivante :

Cochenille en poudre	3 gros.
Belle laque idem	3 onces.
Vinaigre de lavande distillée . . .	1 livre.

Après dix jours d'infusion, en ayant soin d'agiter souvent la bouteille, coulez et filtrez. Ce vinaigre est l'un des meilleurs en ce genre.

Savon pour noircir les cheveux et les sourcils.

M. Julia de Fontenelle le conseille pour rendre noirs les cheveux roux et les cheveux blancs.

On compose ce savon, dit-il, avec deux onces de suif de mouton, une once de poix que l'on rend liquide, une demi-once de pierre noire et autant d'abdanum et de vernis. L'on ajoute à ces matières une quantité suffisante de lessive faite avec des cendres de saule. On peut parfumer ce savon avec un peu d'ambre, de vanille ou de musc.

Il rappelle que quelques personnes pensent que, pour noircir les sourcils, il suffit de les frotter souvent avec du bois de sureau.

Vinaigre des quatre Voleurs, composé par M. Vergnes.

Cannelle	3 onces.
Girofle	id.
Macis	id.
Noix muscade	id.
Camphre	id.
Ail	2 onces.
Huile volatile d'absinthe. . . .	2 scrupules.
Huile de romarin.	id.
Huile de rue.	id.
Huile de sauge	id.
Huile de menthe	id.
Huile de lavande.	id.
Vinaigre radical	2 livres.
Vinaigre des quatre voleurs d'après le Codex	id.

Concassez toutes ces substances, et laissez-les macérer pendant huit jours, passez avec expression, filtrez, et conservez dans un flacon bien bouché.

Eau contre les gerçures des mamelles, de Chaptal.

Sulfate d'alumine . . . .   1 gros.
Sulfate de zinc . . . .   1/2 once.
Sous-borate de sonde . . . . .   4 grains.
Eau de rose . . . .   4 onces.

Eau pour fortifier la vue.

Dans une demi-pinte d'eau de rivière, mettez dissoudre six grains de sulfate de zinc (couperose blanche) et 31 de racine d'Iris de Florence, en poudre (pour deux sous de l'un et de l'autre), bouchez ensuite la bouteille ; mettez-la dans un endroit frais. Le remède est achevé en vingt-quatre heures ; on l'emploie en ouvrant l'œil fatigué, dans un petit bassin à baigner l'œil ou dans une cuiller à bouche remplie de cette eau.

Eau à détacher, ou nouvelle eau vestimentale pour les taches graisseuses.

Essence de térébenthine pure . .   8 onces.
Alcool à quarante degrés   1
Ether sulfurique   1

Mélangez et agitez bien à bouchon fermé. Si vous voulez masquer l'odeur de la térébenthine, ajoutez de l'essence de citron.

Pour vous servir de cette eau, placez l'étoffe à détacher sur plusieurs doubles de linge ; imbibez-en la partie tachée de graisse, puis frottez légèrement avec un autre linge fin jusqu'à ce que l'étoffe soit séchée et la tache enlevée. Si celle-ci était ancienne, vous devriez en chauffer un peu la place.

Pâte pour détruire les punaises, de M. le Peton, à Paris. (Brevet d'invention 1826.)

Pour faire deux onces de cette pâte, il faut :
Graisse d'ours . . . .   1 once.
Poudre de tan . . , ...   1 gros.

Poivre en poudre.	2 onces.
Cendres de noyer.	3 gros.
Sel.	1 gros 1/2.
Potasse	2 gros 1/2.
Poudre de racine de valériane .	4 gros.
Savon noir.	2 onces.

Toutes ces matières réunies doivent rester en ébulition pendant 48 heures, dans une chaudière en cuivre, où on les laisse refroidir un même laps de temps, après quoi on les remet au feu pendant une heure environ.

On enduit de cette pâte un spatule de bois, à l'aide de laquelle on l'applique dans les rainures d'un lit ou de tout autre meuble, même sur des étoffes, sans crainte de les détériorer. On l'y laisse faire son effet pendant quelques jours et l'on nettoie ensuite tout ce qui a été empreint, sans craindre de la moindre apparition des insectes. Cette composition ne laisse en outre aucune odeur désagréable.

Nantes, *Imprimerie d'Hérault, rue de Guérande.*

9 782329 592763